BEI GRIN MACHT SICH IHR WISSEN BEZAHLT

Sven Hosang

NAPOLA - NPEA - Der Alltag und dessen skeptische Abgrenzung zu Dennis Gansels Kinofilm 'Napola - Elite für den Führer'

GRIN Verlag

Bibliografische Information der Deutschen Nationalbibliothek:

Die Deutsche Bibliothek verzeichnet diese Publikation in der Deutschen National-
bibliografie; detaillierte bibliografische Daten sind im Internet über http://dnb.d-
nb.de/ abrufbar.

Impressum:

Copyright © 2006 GRIN Verlag GmbH
Druck und Bindung: Books on Demand GmbH, Norderstedt Germany
ISBN: 978-3-656-36215-9

Dieses Buch bei GRIN:

http://www.grin.com/de/e-book/67215/napola-npea-der-alltag-und-dessen-skepti-
sche-abgrenzung-zu-dennis-gansels

GRIN - Your knowledge has value

Der GRIN Verlag publiziert seit 1998 wissenschaftliche Arbeiten von Studenten, Hochschullehrern und anderen Akademikern als eBook und gedrucktes Buch. Die Verlagswebsite www.grin.com ist die ideale Plattform zur Veröffentlichung von Hausarbeiten, Abschlussarbeiten, wissenschaftlichen Aufsätzen, Dissertationen und Fachbüchern.

Besuchen Sie uns im Internet:

http://www.grin.com/

http://www.facebook.com/grincom

http://www.twitter.com/grin_com

Sven Hosang

Studienjahrgang Pädagogik 2004

Ausgearbeitetes Referat zum Thema:

NAPOLA / NPEA

Der Alltag und dessen skeptische Abgrenzung zu Dennis Gansels Kinofilm „Napola – Elite für den Führer"

Erarbeitet an der Helmut–Schmidt-Universität der Bundeswehr in Hamburg zum Seminar

Politik - Macht - Schule: Ein Spannungsfeld in historischer Betrachtung

Inhaltsverzeichnis:

1.0	**Warum diese Arbeit ?**	**Seite**	**3**
2.0	**Zum Hintergrund der NPEA bzw. Napola**	**Seite**	**4**
2.1	Die Idee und Entstehung		4
2.2	Lehrpersonal und Schülerauswahl		5
2.3	Standorte		6
2.4	Erziehungsanstalt versus Schule		8
3.0	**Zum Hintergrund des Kinofilmes**	**Seite**	**9**
	„NAPOLA – Elite für den Führer"		
3.1	Über Dennis Gansel		9
3.2	Die Idee des Filmes		9
4.0	**Kritische Vergleiche einzelner Darstellungen**	**Seite**	**11**
4.1	Der Protagonist		11
4.2	Kleidung und Einrichtung		11
4.3	Führungsstruktur		12
4.4	Sport		12
4.5	Wehrausbildung		13
4.6	Mut und Härteproben		13
5.0	**Fazit**	**Seite**	**15**
Literaturverzeichnis		**Seite**	**16**

1.0 Warum diese Arbeit ?

In der heutigen Zeit scheint die multimediale Vermittlung von Inhalten zuweilen wesentlicher als ihr Inhalt – umso wenig verwunderlicher ist, dass viele Menschen eher Filme kennen, als jene Literatur, auf denen sie basieren. Zog doch beispielsweise die Verfilmung der Sagen-Trilogie J.R.R. Tolkiens „Der Herr der Ringe" durch den Regisseur Peter Jackson viele Bundesbürger in die Kinos und rang der einen oder anderen Jury verschiedenster Filmpreisverleihungen so manche Trophäe ab - es herrschte allenthalben große Begeisterung - enttäuscht waren jedoch jene, die die Jahrzehnte vorher geschriebenen Werke des Schriftstellers Tolkien gelesen hatten. Figuren wie auch Handlungen war in Teilen weggefallen, umgestellt oder ganz weggelassen worden. Es gab somit eine starke Diskrepanz zwischen der Vorlage des Buches und dem Film. Ebenso gab es plötzlich viele, die den „Herrn der Ringe" nur noch als das Werk Peter Jacksons ansahen – und nicht als die visuelle Umsetzung des literarischen Epos von John Reginald Reuel Tolkien. Ebenso lebt heute manche akademische Lehrveranstaltung mehr von ausgefeilter Methodik und Didaktik denn von substantiellem Inhalt – und wird dennoch in vielen Fällen als hochwertig oder gar besser angesehen. Hier schlägt sich die Brücke zu dieser Arbeit. Die Nationalpolitischen Erziehungsanstalten, auch NPEA oder im Volksmund NAPOLA genannt, stellten sich in der Realität in einigen Dingen bewiesenermaßen anders dar, als sie wahrgenommen oder schlussendlich in einem Film nachgestellt wurden. Geschichtsschreibung ist bereits die Interpretation etwas Geschehenen durch den Verfasser – und beinhaltet verfälschende Selektion. Kann ein Film, welcher auf Geschichtsschreibung beruht und diese mit darstellerischen Mitteln neu interpretiert, kann, wenn er den Schwerpunkt auf Inszenierung und Unterhaltung legt, einen ähnlich guten Eindruck vermitteln – wo kann man den Bildern glauben?

2.0 Zum Hintergrund der Napola / NPEA

Einen relativ guten Überblick über die Hintergründe der NAPOLA findet sich in jedem größeren Nachschlagewerk – ich favorisiere die Darstellung der thematisch nahverwandten Datenbank zum Nationalsozialismus, die jedoch einiger Unterfütterung im Sinne dieser Arbeit bedürfen.

2.1 Die Idee und Entstehung

Die nationalsozialistische Erziehungspolitik entstand, ohne neue Ideen zu entwickeln. Sie setzte letztlich nur die längst in Hitlers Kopf[1] entstandenen und in der Gesellschaft vorhandenen Gedanken in die Praxis um. Die Nationalsozialisten übernahmen verschiedene Elemente der Jugendbewegung, so zum Beispiel das Lagerfeuer, das Volkslied, das Wandern in der Natur, die Verachtung der Demokratie und nach 1918 auch in der Jugendbewegung durchaus ausgeprägt vorhandenen Antisemitismus und institutionalisierten mit der NPEA das Umfeld, in welchem sich dieses Gedankengut bisher informell festigte. Die Kernaufgabe der NPEA war, den Worten Adolf Hitlers folgend, die "Erziehung zu Nationalsozialisten, tüchtig an Leib und Seele für den Sieg an Volk und Staat". Die Schüler sollten die kommende Führergeneration der nationalsozialistischen Deutschen, vor allem aber der SS bilden. Doch im Gegensatz zu den Schülern der "Adolf-Hitler-Schulen" hatten die Schüler der NPEA freie Berufswahl – man verließ sich darauf, dass die nicht offensichtlich Indoktrination und Durchdringung des Educandus ihn dazu brächte, aus Überzeugung heraus schon nur die nach nationalsozialistischer Sicht angemessenen Berufe ergreifen zu wollen. Die NPEA begriffen sich selbst als Eliteschulen. Bevor der Aufbau und die Funktion der Nationalpolitische Erziehungsanstalten beleuchtet werden, ist der Begriff der „Eliteschule" hier im Kontext zu betrachten. Sofern dieser Begriff der Eliteschule so wird, dass hier eine Gruppe aus der Masse herausgehoben ist, trifft dieser zu. Der oft zugeschriebene Aspekt der höheren Leistungsfähigkeit der Schule und damit auch deren Schüler ist hier dagegen nicht übertragbar.

„1933 wurden die ersten drei NPEA von Reichserziehungsminister Bernhard Rust gegründet. Es waren staatliche Einrichtungen, die dem Reichsminister unmittelbar

---

[1] „Uns schwebt ein Staat vor, in dem jede Stelle vom fähigsten Sohne unseres Volkes besetzt sein soll, ganz gleich, woher er kommt. Ein Staat, in dem Geburt gar nichts ist, und Können alles." Adolf Hitler – zit. nach NAPOLA-Elite für den Führer - Hintergründe

unterstellt waren."[2] Der Begriff staatliche Einrichtungen muss hier dahingehend deutlich präzisiert werden, dass bei den NPEA der schulische Charakter im Hintergrund stand. Sie verstanden sich nicht als Schulen mit Bildungsauftrag sondern Anstalten mit dem Auftrag junge Menschen im Sinne und zum Nutzen des Nationalsozialismus zu formen, doch mehr hierzu im Folgenden.

2.2 Lehrpersonal und Schülerauswahl

„Die NPEA unterstanden seit 1936 dem Inspektor der Nationalpolitischen Erziehungsanstalten, SS-Obergruppenführer August Heißmeyer und waren ab 1939/40 der nunmehrigen Dienststelle Heißmeyer überstellt. Mit dieser Überstellung der NPEA zur Dienststelle Heißmeyer gelangten diese Anstalten unter den unmittelbaren Einfluss der SS. Heißmeyer drängte ferner die Lehrerschaft zum aktiven Eintritt zur SS. So war es von Heißmeyer geplant, dass die NPEA-Schüler und die Lehrerschaft SS-ähnliche Uniformen und Dienstgradbezeichnungen zu tragen hätten. So wäre z. B. aus einem SS-Hauptscharführer ein NPEA-Hauptscharführer geworden."[3] Zu Lehrpersonal und Schülerauswahl ist vorab zu sagen, dass es so etwas wie „die Napola" nie gegeben hat, denn diese unterschieden sich in vielen Dingen je nach Zeitraum der Betrachtung und je nach Anstaltsstandort. Einige Dinge besitzen jedoch universelle Gültigkeit. Die NPEA unterstand rein formal der SS[4] demzufolge war der Anstaltsleiter ein ranghoher Offizier der SS – pädagogische oder akademische Eignung war für diesen Dienstposten sekundär. Während des Krieges unterschied sich der Lehrkörper von dem in Friedenszeiten nur unwesentlich, jedoch stieg die Anzahl der SS nicht nur an- sondern sogar zugehörigen Lehrkräfte prozentual am Gesamtlehrkörper im Rahmen des Kriegsfortganges - und da einer der Schwerpunkte der Ausbildung und Erziehung neben der Schule die Vorbereitung auf den Einsatz in der Armee war, verrichteten häufig auch kriegsversehrte Offiziere der Wehrmacht, die von Haus aus Studienräte waren, wie auch Unteroffiziere den allgemein schulischen Unterricht. Ihnen oblag auch ein großer Teil der außerschulischen Erziehung und Ausbildung. Im Gegensatz zu den Schülern der Adolf-Hitler-Schulen, die überwiegend direkt in die Waffen-SS

---

[2] Lexikon Nationalsozialismus.de
[3] Lexikon Nationalsozialismus.de
[4] Anmerkung: Und nicht der SA wie leider die Quelle, hier WIKIPEDIA, widersprüchlich behaupten.

eintraten, stellten die Angehörigen der NPEAs (während des Krieges) den Offiziernachwuchs für die Wehrmacht.

Die Neuzugänge wurden, ähnlich den Kriterien der Adolf-Hitler-Schulen, nicht nach kognitiver Leistungsfähigkeit ausgewählt. Der typische Neuzugang erreichte die NPEA, unabhängig von bis dato besuchter Schule oder elterlicher Klassenherkunft, sofern diese nur arisch genug war, aufgrund persönlicher Merkmale im durchschnittlichen Kindesalter von 10 Jahren – Neuzugänge älter als 14 Jahre wurden nur in äußerst seltenen Fällen zugelassen. Die Begründung hierin lag darin, dass ein bereits zu weit gefestigtes Selbstbild der Erziehung abträglich gewesen wäre. Die politische Einstellung oder gar Stellung der Eltern konnte jedoch in diesen Fällen wie auch im Bereich der Tauglichkeitskriterien hinsichtlich körperlicher Robustheit / einwandfreier Gesundheit zu Ausnahmeregelungen durchaus beitragen.

2.3 Standorte

„1941 gab es im Deutschen Reich - einschließlich Österreichs - 30 NPEA mit 6.000 Schülern. Zwei NPEA für Mädchen lagen auf besetztem Gebiet. Zum Kriegsende gab es 43 Napola Schulen, wie viele [sic!] davon für Mädchen waren ist jedoch unklar, da es sie nur inoffiziell gab. Bekannt sind die Schulen in Hubertendorf-Türnitz in Österreich (1938/39 gegründet) und in Colmar-Berg in Luxemburg (1941 gegründet)."[5]

Nr.	Standort 1	offizielle Bezeichnung	Standort 2	Eröffnung	ehem. Gebäudeverwendung
1	Plön	NPEA Plön	Schleswig Holstein	1. Mai 1933	Staatliche Bildungsanstalt (Stabila)
2	Potsdam	NPEA Potsdam	Mark Brandenburg	26. Mai 1933	Stabila
3	Köslin	NPEA Köslin	Pommern	15. Juli 1933	Stabila
4	Berlin-Spandau	NPEA Berlin-Spandau	Berlin	30. Januar 1934	Preußische Hochschule für Leibesübungen; Lehrerseminar
5	Naumburg	NPEA Naumburg	Provinz Sachsen	15. März 1934	Stabila/ Kadettenanstalt
6	Ilfeld	NPEA Ilfeld	Provinz Hannover/Provinz Sachsen	20. April 1934	Klosterschule
7	Wahlstatt	NPEA Wahlstatt	Schlesien	9. April 1934	Stabila
8	Oranienstein	NPEA Oranienstein	Hessen-Nassau	1934	Kadettenanstalt/Realgymnasium/ Schloss

Eine trotz allem anschauliche Übersicht über die Standorte der NAPOLA gibt die Wikipedia mit Berufung auf Harald Scholz und sein Werk NS-Ausleseschulen – ein Begriff, der für

[5] Lexikon Nationalsozialismus.de

die NPEA wesentlich treffender in seiner Semantik ist, als der heute oft anders verstandene Begriff der Eliteschule, wie anfangs angemerkt.[6]

9	Stuhm	NPEA Stuhm	Ostpreußen	1. Oktober 1934	Kaserne
10	Ballenstedt	NPEA Anhalt	Anhalt	Mai 1934	Städtisches Gymnasium
11	Dresden Klotzsche	NPEA Dresden Klotzsche	Sachsen	1. April 1934	Landesschule
12	Backnang	NPEA Backnang	Württemberg	2. Mai 1934	Lehrerseminar
13	Bensberg	NPEA Bensberg	Rheinprovinz	1. Juni 1935	Kadettenanstalt/Schloss
14	Schulpforte	NPEA Schulpforta	Provinz Sachsen	1. Juli 1935	Landesschule zur Pforte
15	Rottweil	NPEA Rottweil	Württemberg	1. April 1936	katholisches Lehrerseminar
16	Neuzelle	NPEA Neuzelle	Mark Brandenburg	1934/1938	Stift, Aufbauschule für Mädchen
17	Wien-Theresianum	NPEA Wien-Theresianum	Wien	13. März 1939	Akademie
18	Wien-Breitensee	NPEA Wien-Breitensee	Wien	13. März 1939	Bundeserziehungsanstalt (Kommandogebäude Theodor Körner)
19	Traiskirchen	NPEA Traiskirchen	Niederdonau	13. März 1939	Bundeserziehungsanstalt
20	Ploschkowitz	NPEA Sudetenland	Sudetenland	10. Oktober 1940	Schloß
21	Reisen	NPEA Wartheland	Warthegau	1940	Schloß
22	Loben	NPEA Loben	(Ost-) Oberschlesien	1. April 1941	Sprachheilschule
23	Putbus	NPEA Rügen	Pommern	1. September 1941	Pädagogium (Stift)
24	Reichenau	NPEA Reichenau	Baden	1941	Pflegeanstalt
25	St. Wendel	NPEA St. Wendel	Saarland	1. September 1941	Internatsschule der Steyler Mission
26	Weierhof b. Marnheim	NPEA am Donnersberg	Bayern (Saarpfalz)	1941	„Gau-Oberschule"
27	St. Paul/Lavanttal	NPEA Spanheim in Kärnten	Kärnten	1941	Benediktinerabtei
28	Vorau	NPEA Gottweig	Steiermark	Januar 1943	Augustinerabtei
29	Seckau	NPEA Seckau	Steiermark	1941	Stift
30	Rufach	NPEA Rufach	Elsaß (Frankreich)	Oktober 1940	Pflegeanstalt
31	Haselünne	NPEA Emsland	Provinz Hannover	17. Oktober 1941	Klosterschule der Ursulinen
32	Neubeuern	NPEA Neubeuern	Bayern	Mai 1942	Schloß und Landschulheim
33	St. Veit	NPEA St. Veit	Kärnten	Juli 1942	Priesterseminar und Gymnasium
34	Mokritz	NPEA Mokritz	Steiermark	1942	Schloß
35	Achern	NPEA Achern	Baden	August 1943	Heil- und Pflegeanstalt Illenau
36	Kuttenberg (Kutna Hora)	NPEA Böhmen	(Protektorat)	22. April 1944	Jesuitenkolleg u. Kaserne

---

[6] Grafiken: Wikipedia „Napola" - Standorte

2.4 Erziehungsanstalt versus Schule

Wie bereits angemerkt, war es nicht das Ziel der NPEA oder Napola, Akademiker heranzubilden – aufgrund ihres geringen Schwerpunktes auf intellektueller Bildung war das Napola-Abitur auch keine Berechtigung zur Immatrikulation an einer Universität. Berühmte Napola-Schüler wie Hellmuth Karasek, Mainhardt Graf Nayhaus oder Hardy Krüger mussten ihr Abitur zu späterem Zeitpunkt aus diesem Grund erneut ablegen.

Der Alltag einer NPEA war kasernengleich geregelt. In vermeintlicher pädagogischer Freiheit, die skeptische wie rationalistische Züge ebenso enthielt wie ein dialogisches Lehrprinzip, welches die künftigen Führer des tausendjährigen Reiches zu Führungscharakteren prägen sollte, wurde durch Selektion der Lehrinhalte und durch die Sozialisation in einem politisch und ideologisch eben nicht liberalen oder neutralen Umfeld vor allem eines permanent getan: Im Sinne des NS-Bildes erzogen. Hauptfaktoren waren hierbei 3 wesentliche Säulen:

- Der Anreiz höherer Stellung mit mehr Verantwortung innerhalb des sozialen Systems der Napola für jeden Jungmann, wenn er sich dem Code des Systems konform verhielt und die daraus resultierende Selbstüberwachung der Schülerschaft, die sich, da aus dem System selbst rekrutiert, eine hohen Akzeptanz versichert sah

- Der Anreiz der Teilnahme / Teilhabe an ungewöhnlichen bzw. besonderen Aktivitäten wie beispielsweise Segelfliegen

- Die permanente Suggestion etwas besonderes zu sein, die eventuellen Kritikern bzw. systemfremden Diskussionsgegnern vorn vornherein aus Sicht der Jungmannen den Stempel der Unwissenden / Verständnisunfähigen aufdrückte – und sie somit zu ungefährlichen Querulanten werden ließ.

3.0 Zum Hintergrund des Kinofilmes Napola – Elite für den Führer

Der Film NAPOLA – Elite für den Führer hat an sich den Charakter eines Unterhaltungsfilmes, nicht den einer historisch korrekten Darstellung, und spielt resultierend mehr mit Bildgewalt und Emotionen als dass er faktennah ausgerichtet wäre. So war der einzige historische Berater für den Film der Historiker Dr. Lamprecht aus Plön, der selbst eben dort Schüler der NPEA war – die militärische Beratung beschränkte sich auf die Wehrpflichterfahrungen der Filmcrew sowie eines Schiesslehrers für Handwaffen des II Weltkrieges.

3.1 Über Dennis Gansel

Der 1973 in Hannover geborene Nachwuchsregisseur ist selbst Enkel eines Schülers einer Reichskriegsschule. In einem Interview erläutert er einige Beweggründe, warum er das Drehbuch zu NAPOLA schrieb und letztlich verfilmte, nachdem er 2003 den Preis für das beste unveröffentlichte Drehbuch gewann:

In seiner Familie sei das immer Thema gewesen, so Gansel. „Mein Großvater war selber auf einer Reichskriegsschule, was zwar keine Napola ist, aber vom Drillablauf her ähnlich funktioniert. Er hat diese Zeit immer als sehr schön in Erinnerung gehabt, er hat immer gesagt 'für uns war das eine tolle Zeit, eine Zeit, in der ich sehr viel Selbstvertrauen bekommen habe, in der ich selbst irgendwie Karriere machen konnte. Man hat mir Anerkennung gegeben." Sein Großvater habe drei Söhne gehabt, die ihn überhaupt nicht verstanden hätten, berichtet Gansel. „Alle drei haben den Kriegsdienst verweigert. Bei diesem Themenkomplex ging ein Riss durch die Familie." Ihn als Enkel hätten diese Geschichten fasziniert. Er habe auch seinen Großvater besser verstanden. „Für mich war das keiner, der den Nazis auf den Leim gegangen ist. Ich habe das verstanden, warum er so fasziniert davon war."

3.2 Die Idee des Filmes

Ursprünglich wollte Dennis Gansel, laut eines Interviews[7] einen Film über Verführung drehen, der sich mit dieser Thematik dahingehend befasst, was es benötigte, einen jungen Menschen zu Handlungen zu veranlassen, von denen er im Vorfeld nicht überzeugt war. Genau dies sei anhand der Napola sehr gut darstellbar gewesen, so Gansel, denn dort sei mit großen Dingen geworben worden, wie

---

[7] Siehe „Interviews" im Extra-Material der DVD zu Napola-Elite für den Führer

beispielsweise Gauleiterposten auf der ganzen Welt oder Verwendungen in den höchsten Stellen des NS Staates, wenn man nur bereit sei, die harte Ausbildung zu durchlaufen und alle Menschlichkeit abzulegen bzw. im Austausch gegen Opferwillen und Stärke ab erzogen zu bekommen. Gansel sieht dieses Thema in Teilen auf die heutige Gesellschaft dahingehend übertragbar, dass ein jeder sich heute selbst fragen solle, wie weit er für Beruf und Karriere zu gehen bereit sei, was man bereit sei, an eigenen Prinzipien und Wertvorstellungen oder gar an eigener Persönlichkeit zu opfern. Der Produzentin, Viola Jäger, war wichtig, den ewigen Kampf zwischen Personalcourage und Systemdruck an sich als Thema darzustellen und gleichzeitig in heutiger Zeit den Begriff der Napola wieder in den Fokus des Zeitgeistes zurückzubringen, aus welchem er, wenn er je kritisch darin thematisiert wurde, aus Ihrer sicht entwichen schien. Sie zitiert im Interview Hitlers Worte: „Wenn ich euch nicht bekomme, Eure Kinder bekomme ich auf jeden Fall" – und stellt aus ihrer Sicht die Wichtigkeit der Erziehung und Prägung der Jugend in einer Gesellschaft dar.

4.0 Kritische Vergleiche einzelner Darstellungen

Um aufzuzeigen, dass der Film durchaus seine generalisierbaren wie auch seine historisch falschen Momente beinhaltet, eignet es sich, einige Szenen bzw. Elemente des von Dennis Gansel geschriebenen Drehbuches näher zu betrachten:

4.1 Der Protagonist

Der Protagonist des Filmes, Friedrich, ist bereits im Besitz eines Schulabschluss und soll eigentlich beim Arbeitgeber seines Vaters eine Beschäftigung annehmen. Seine Familie lebt in einfachsten Arbeiterverhältnissen, die durch schlichtestes Mobiliar wie durch eine Szene, in der alle Familienmitglieder nacheinander im selben Badewasser das wöchentliche Bad nehmen, deutlichst dargestellt werden. In seiner Freizeit frönt der junge Arbeitersohn dem Boxen – im Rahmen eines Lokalturniers gerät er in den Fokus eines Napola-Sportlehrers, welcher ihm einen Platz an einer solchen Institution verheißt.

Trotz seines Alters und dem elterlichen Widerstand entgegen tritt Friedrich schließlich seine Ausbildung an der NAPOLA an – mit der Realität mag dies nur schwer vereinbar sein, da weder die elterliche Stellung eine solche Ausnahme gerechtfertigt haben könnte, noch der Junge vorher als in einer Parteiorganisation aktiv dargestellt wird. Die Figur des Vaters ist Regimegegner. Friedrich durchlebt alle gruppendynamischen Phasen innerhalb der NPEA – und entscheidet sich zum Ende des Films aufgrund eines intrapersonellen Wertekonfliktes dazu, gegen die Führung der NPEA und ihre gewollte Unmenschlichkeit bzw. Mitleidslosigkeit aufzubegehren. Hieraus ergibt sich dann sein Verweis aus der NPEA.

4.2 Kleidung und Einrichtung

Die im Film gezeigte Kleidung ist nachgeschneidert und in ihrer Symbolik bewusst überzeichnet. Zwar trugen die Jungmannen der NPEA SS- bzw. SS-ähnliche Uniformen wie auch große Teile des Lehrpersonals, allerdings sind die im Film verwendeten Uniformen für den Zuschauer in ihrer Bildgewalt überzeichnet, um bewusst düsterere Stimmung zu erzeugen. Zutreffend ist die dargestellte Homogenität von Haar- und Barttracht, die, zusammen mit der Uniformierung eine gewisse „Gleichmacherei"[8] darstellen sollte, die den durch die NPEA verfolgten

---

[8] Zit nach Gansel

Gedanken der homogenen Ausgangschancen der Jungmannen auch optisch gewährleisten sollte. Detailgetreu ist der Aufbau der Unterkunftseinrichtungen wie Duschräume und Stuben, die in Filmstudios alten Fotos der NPEAS folgend maßstabsgetreu und funktionsfähig nachgebaut wurden. Die im Film zu sehende Burg im tschechischen Brasov ist jedoch eine reine Außenkulisse und, nicht zuletzt aufgrund ihrer viel zu kleinen Größe, letztlich aber logischerweise ihrer Lage wegen schon, nie eine existente NPEA gewesen – ebenso wenig die dargestellte Aula, die aus einer Prager Turnhalle umgestaltet wurde. Oft genug allerdings, wie aus der Liste der Standorte ersichtlich, waren NPEA auf Burgen eingerichtet, die eine gewisse Abgeschiedenheit von größeren Orten ihr Eigen nannten.

4.3 Führungsstruktur

Die im Film dargestellten und unter Federführung Dr. Lambrechts nachgestellten Szenarios sind in Teilen sehr nah an der belegbaren Wirklichkeit bzw. decken sich weitgehend mit anderen Berichten. Die Führungsdichte und totale Kontrolle der totalitären Institution NPEA wurde durch Jungmannen erzeugt, die sich in Eignung, Leistung und Befähigung anderen im Vergleich gegenüber als hervorstechend erwiesen hatten. Diese wurden in einer Stellung eingesetzt, die als Jungmannzugführer oder Hunderschaftsführer bezeichnet wurde. Für die ihm unterstellten und ihre Verfehlungen war dieser befehlsbefugte, ältere Jungmann, voll verantwortlich. Um dieser Verantwortung gerecht zu werden, standen ihm zahlreiche Sanktionen zur Verfügung, die bar jeder Richtlinie nach Willkür eingesetzt werden konnten. Ausgrenzung von Gemeinschaftsaktivitäten, sozialer Druck oder einfache Maßnahmen wir überpenible Kontrolle von Ordnung und Sauberkeit, im Film das Ausräumen des Spindes, sind hier nur einige Beispiele.

4.4 Sport

Der Sport erfüllte an der NPEA mehrere Funktionen. Er war Element der Freizeit, Instrument der Gruppendynamik, Möglichkeit zur Sanktionierung – und letztlich ein probates Mittel zur Erhöhung des physischen Wertes jedes Einzelnen Schülers. Im Gegensatz zur der im Film anmutenden Boxsport-Lastigkeit war der Boxsport an sich an den NPEA nur eine vieler Sportmöglichkeiten. Militärischer Nahkampf wurde gemäß Curricula verpflichtend ausgebildet, weshalb sich Sportarten wie

Fußball oder Reiten, Tennis, Bergsteigen und vieles mehr mindestens gleich attraktiv erwies. Die Maxime des Siegens bzw. Grenzenüberwindens um jeden Preis galt allerdings auch hier – der Zweite war der erste Verlierer. Die im Film dargestellte Regel, ein Boxkampf sei nur durch physischen K.O. zu gewinnen gewesen, passt in den Kontext der Maxime der NPEA, findet sich aber nicht verschriftlicht.

4.5 Wehrausbildung

Die im Film verwendeten militärischen Ausrüstungsgegenstände und ihre dargestellte Wirkungsweise wie auch Verwendung entsprechen vergleichbar den realen Gegebenheiten, soweit ich dies aus der Sicht eines Offiziers der Bundeswehr beurteilen kann – Handhabung und Wurftechnik im Bezug auf Handgranaten wie auch der Umgang mit Handfeuerwaffen und deren Wirkung im Ziel scheinen realitätsnah nachgebildet. Wehrausbildung war ein fester Bestandteil der NPEA Erziehung, Werfen mit Handgranaten, das Beherrschen des Karabiners, der Umgang mit Bajonett wie auch der waffenlose Nahkampf waren Bestandteil der Curricula der NPEA, wie auch die im Film nicht gezeigten Elemente des Lebens im Felde, Zubereitens von Nahrung und Erlernens der Grundsätze von Orientierung mit künstlichen[9] wie auch natürlichen[10] Hilfsmitteln.

4.6 Mut und Härteproben

Im Zuge der beabsichtigten charakterlichen und ideologischen Prägung wie auch Formung zu einer „gewalttätigen, herrischen, unerschrockenen und grausamen Jugend im Sinne Adolf Hitlers <<Mein Kampf>>"[11] wird im Film anhand von exemplarischen Klischees mit dem Schöngeistigen ebenso abgerechnet wie mit symbolischer Schwäche. Der nicht in das soziale Umfeld integrierte Gedichteschreiber Albrecht, Sohn des lokalen Gauleiters, begeht Selbstmord, da er den Erwartungsdruck seines Vaters weder erfüllen, noch ihm standhalten kann, weshalb dieser ihn nur mehr verachtet. Der bettnässende Stubenkamerad Friedrichs wird vor der Gruppe gedemütigt und weiter in die Rolle des Außenseiters gedrängt – bis er sich zur Rettung seiner Kameraden auf eine Granate wirft, die im Rahmen der Ausbildung zwischen ihnen liegen bleibt und zum tragischen Helden wird.

---

[9] Kompass, Landkarte - Anmerkung
[10] Sonne, Mond, Sterne, Wetterseite an Bäumen - Anmerkung
[11] Zitat nach Gansel

Nur der Harte scheint, gemäß Film, eine Rolle zu spielen. Die Szene „Eistauchen" im Film überzeichnet eine, zur Winterzeit durchaus übliche, Härteprobe. Eigentlich auf freiwilliger Basis stattfindend mit Anreizen beworben, wird den Jungmannen abverlangt, zwischen zwei etwa 5m auseinander liegenden Eisdurchbrüchen gefrorenen Gewässers unter geschlossenem Eis hindurchzutauchen, wobei lediglich eine Führungsleine unterstützt, die Orientierung nicht zu verlieren. Der Film stellt ein solches Szenario als Zwangsunterricht nach, bei welchem Albrecht, der musische und pazifistische Freund Friedrichs, den Freitod sucht, indem er gewollt unter Eis ertrinkt. Der Film nutzt hier mehr die emotionale Stimmungskonstruktion aus, die verdeutlichen soll, wie beklemmend die Stimmung an der NPEA für jene gewesen sein mag, die, wie wir aus unserer Sicht heute auch, eben nicht in diese Systemwelt passten.

5.0 Fazit

Der Film NAPOLA-Elite für den Führer ermöglicht dem geneigten Zuschauer, ähnlich anderen Film-Epen wie „Der Untergang", „Steiner – Das Eiserne Kreuz", „Die Brücke am Kwai" oder themenfremden Werken wie „Alexander", „Troja" oder „Ben Hur" nicht mehr als einen Zugang zum Thema der NPEA. Keinesfalls darf dieser Unterhaltungsfilm als Produkt von Zeitzeugen oder gar historisch bare Münze gesehen werden, sondern ist, genau wie getan, in einem Atemzug mit anderer Unterhaltung vor historischem Hintergrund statt auf historischem Fundament zu sehen. Des Weiteren ist zu berücksichtigen, dass, wie bereits erwähnt, es seitens Zeitzeugenberichten keine Generalaussagen auf die NPEA geben kann, da jeder Ehemalige nur eine NPEA zu einem bestimmten Zeitpunkt für einen begrenzten Zeitraum besucht hat, und auch im Rahmen dieser Zeit nicht alle Lehrelemente durchlaufen konnte.

Literaturverzeichnis

__Bücher :__

Moser, Arnulf

Die Napola Reichenau
Arnulf Moser Verlag
1997

Schneider, Christian

Das Erbe der Napola
Versuch einer Generationengeschichte des
Nationalsozialismus
Verlag: Hamburger Edition
Hamburg, 1996

Vahl, Hartmut

Napola Schulpforta 43-45,
Erinnerungen eines Schülers
Verlag: BoD GmbH
Norderstedt, 2000

Zempelin, Hans Günther

Des Teufels Kadett.
Napola-Schüler von 1936 bis 1943. Gespräch mit
einem Freund.
R.G. Fischer Verlag
Frankfurt am Main, 2000

__Internetquellen:__

Nationalsozialismus.de

Das Rechercheportal für Schule, Studium und
Wissenschaft.
URL:
http://www.nationalsozialismus.de/lexikon/nationalpoli
tische-erziehungsanstalten-napola
Ablesedatum 12.06.2006

Wikipedia	**Die freie Enzyklopädie** URL: http://de.wikipedia.org/wiki/Napola Ablesedatum 12.06.2006
Dennisgansel.com	**Persönliche Website** URL: http://www.dennisgansel.com/ Ablesedatum 12.06.2006

Sonderquellen:

Gansel, Dennis [Regisseur]	**Napola – Elite für den Führer** Sonderedition inklusive Videotagebuch des Regisseurs, Interviews und „deleted Scenes" Constantin-Film AG Im Vertrieb der Highlight-Video D-2004